Matabixu Sira iha Mundu

Hakerek-na'in: Tori Telfer
Ilustrasaun husi Isabel Roxas

Library For All Ltd.

I0177055

LIBRARY FOR ALL

DIGITAL LIBRARY FOR THE WORLD

Library For All nu'udar organizasaun Australiana ne'ebé la buka lukru. Library For All ho nia misaun forma koñesimentu ne'ebé ema hotu bele asesu liuhosi biblioteka dijitál ne'ebé inovativu.
Vizita ami iha: libraryforall.org

Matabixu Sira iha Mundu

Publikasaun dahuluk 2021

Publikadu husi Library For All Ltd
Email: info@libraryforall.org
Website: libraryforall.org

CC BY NC ND

Orijinalmente públika hanesan Matabixu Sira iha Mundu husi Tori Telfer, 2018 © husi Cricket Media,Inc. Reproduz ho autorizasaun. Materiál sira hotu husi All Cricket Media iha direitu autorais husi Cricket Media,Inc.,no /ka autór no ilustrador sira. Proibidu atu distribui materiál sira neé ka ba uzu komersiál nian. Favór vizita http://www.cricketmedia.com/info/licensing2 ba lisensa no http://www.cricketmedia.com ba subskrisaun.

Livru ida-ne'e bele prodús tanba simu suporta laran-luak husi Education Cooperation Program.

Ilustrasaun husi Isabel Roxas

Matabixu Sira iha Mundu
Telfer, Tori
ISBN: 978-1-922621-64-1
SKU01973

Matabixu Sira iha Mundu

España

Bondia! Ne'e oras matabixu nian, no ne'e signifika han *"xokolate ho churros"* — xokolate manas grossu iha kopu ida ho *churros* atu hatama ba xokolate laran.

Ding
Ding
Ding

4

Gana

Bá dapur ho ó-nia pijama no nata hela paun midar pedasuk ida no hemu xá kopu ida. Iha Sábadu, ó-nia amá sei te'in "Tom Brown" sasoro ida halo husi batar sona. Maibé ba ohin loron, matabixu simples de'it tanba ohin loron eskola.

Vietname

Suuuuupp! Ohin dadeer, ó han "*pho*" iha matabixu, sopa supermi natoon ida. Bainhira amá ajuda hela ó prepara an, nia hemu kafé jeladu Vietname nian kahur ho susubeen kondensadu ne'ebé midar.

Zzz

Noruega

Hein hela ó iha meza dapur nian mak pedasuk pepinu balu delisiozu, budu ikan arenke no *brunost* — keiju kór-kafé midar. Iha mós paun no marmelada barak, entaun halo rasik ó-nia sanduixe ida.

Fransa

Kaer kopu ida nakonu ho xokolate manas, ka *chocolat chaud*, no hatama ó-nia *tartine* — *paun* pedasuk ida-ne'ebé kose ho manteiga no marmelada. Ema iha Fransa gosta sira-nia matabixu midar, midar, midar!

Ejitu

Hadeer mai hetan manko ida nakonu ho *ful medames* — matabixu tradisionál ida halo husi koto fava, mina azeite, sumu derok no liis mutin. Ó han ó-nia *ful medames* ho manu-tolun sona ida no paun. Gostu!

Kostarrika

Molok bá eskola, han *gallo pinto,* ka koto metan no etu. Ó-nia amá ko'a abakate ida ba ó no tau nata azedu iha ó-nia manko, hanesan ó-nia gostu baibain.

Chh
Chh
Chh

Nova Orleans, Luísiana, EUA

Duir an sai husi kama laran no tolan dose ofisiál husi munisípiu Luisiana — *beignet. Beignet* mak dose ne'ebé iha masin-midar iha ninia leten. Ó-nia apá gosta han *beignet* no hemu ho *cafe au lait* — kafé ho susubeen — maibé ó-nia bebida favoritu iha dadeer mak sumu sabraka, hanesan labarik barak iha mundu mós gosta.

Ó bele uza pergunta hirak-ne'e hodi ko'alia kona-ba livru ne'e ho ó-nia família, belun sira no mestre sira.

Ó aprende saida husi livru ne'e?

Ho liafuan ida ka rua deskreve livru ne'e. Kómiku? Halo ta'uk? Halo kontente? Interesante?

Ó sente oinsá bainhira ó lee hotu tiha livru ne'e?

Parte ida ne'ebé mak ó gosta liuhosi livru ne'e?

Download ami-nia app ba lee-na'in sira iha
getlibraryforall.org

Kona-ba kontribuidór sira

Library For All servisu hamutuk ho hakerek-na'in no artista sira husi mundu tomak atu dezenvolve istória ne'ebé relevante, kualidade di'ak no kona-ba tópiku oioin. Ami halo istória hirak-ne'e ba lee-na'in labarik no joven sira.

Vizita website libraryforall.org atu hetan informasaun atuál kona-ba ami-nia workshop ba hakerek-na'in, informasaun kona-ba oinsá atu submete livru ba publikasaun, no oportunidade kriativu seluk.

Ó gosta livru ne'e?

Ami iha istória orijinál atus ba atus ne'ebé ita bele lee.

Ami servisu hamutuk ho hakerek-na'in lokál sira, edukadór sira, konsellu kultura nian, Governu no ONG sira atu lori ksolok lee ba labarik sira iha fatin ne'ebé de'it.

Ó hatene?

Ami kria impaktu globál iha área hirak-ne'e tanba ami servisu tuir Objetivu Dezenvolvimentu Sustentavel Nasoens Unidas nian.

www.ingramcontent.com/pod-product-compliance
Lightning Source LLC
Chambersburg PA
CBHW040319050426
42452CB00018B/2931